Ulrich Theisinger

Scrum als Framework für die Entwicklung von Apps

Using Scrum as a framework for developing apps

GRIN Verlag

Bibliografische Information der Deutschen Nationalbibliothek:

Die Deutsche Bibliothek verzeichnet diese Publikation in der Deutschen National-
bibliografie; detaillierte bibliografische Daten sind im Internet über http://dnb.d-
nb.de/ abrufbar.

Impressum:

Copyright © 2012 GRIN Verlag GmbH
Druck und Bindung: Books on Demand GmbH, Norderstedt Germany
ISBN: 978-3-656-29744-4

Dieses Buch bei GRIN:

http://www.grin.com/de/e-book/202962/scrum-als-framework-fuer-die-entwicklung-
von-apps

GRIN - Your knowledge has value

Der GRIN Verlag publiziert seit 1998 wissenschaftliche Arbeiten von Studenten, Hochschullehrern und anderen Akademikern als eBook und gedrucktes Buch. Die Verlagswebsite www.grin.com ist die ideale Plattform zur Veröffentlichung von Hausarbeiten, Abschlussarbeiten, wissenschaftlichen Aufsätzen, Dissertationen und Fachbüchern.

Besuchen Sie uns im Internet:

http://www.grin.com/

http://www.facebook.com/grincom

http://www.twitter.com/grin_com

Scrum als Framework für die Entwicklung von Apps

Using Scrum as a framework for developing apps

Ulrich Theisinger

Studiengang Wirtschaftsinformatik
7. Fachsemester

Stiftung Universität Hildesheim

19.04.2012
Wintersemester 2011/2012

Inhaltsverzeichnis

Abbildungs-, Tabellen- und Abkürzungsverzeichnis

Abkürzungen

App: ....   Application

IEEE.......   Institute of Electrical and Electronics Engineers

PM:.........   Projektmanagement

1. Einleitung

Die Bedeutung von mobilen Endgeräten und sozialen Netzwerken wächst ständig. So ist für 2013 prognostiziert, dass mehr Zugriffe auf Webseiten von mobilen Endgeräten als von Desktop-Rechnern erfolgen. Allein im Jahr 2011 wurden weltweit 472 Millionen Smartphones verkauft (Gartner 2012). Das soziale Netzwerk Facebook hat innerhalb von ca. 5 Jahren 838 Millionen Teilnehmer für seinen Dienst gewinnen können (Allfacebook.com 2012). Treiber dieser Entwicklungen sind unter anderem sogenannte Apps – kurz für Applications – Programme, die auf mobilen und sozialen Plattformen aufsetzen und diese um vielfältige Funktionen erweitern. Dabei erstreckt sich die Bandbreite der verfügbaren Apps von einfachen Programmen für die Anzeige von Erste-Hilfe-Maßnahmen bis hin zu komplexen Business-Applikationen, die über Backend Prozesse den Zugriff auf Unternehmensdaten beispielsweise in CRM- oder ERP-Systemen ermöglichen. Die Beliebtheit sozialer Netzwerke wie beispielsweise Facebook ist nicht zuletzt durch Spiele-Apps des Herstellers Zynga mit Erfolgs-Apps wie Farmville oder Angry Birds getrieben, die Millionen von Teilnehmern täglich mehrere Stunden in den sozialen Netzwerken verbringen lassen. Jeden Tag werden ca. 20 Millionen Apps auf Facebook installiert (Levy 2012, S. 127). Die aufgezeigten Fakten zeigen eindrucksvoll die Relevanz von Apps im Bereich der Software-Entwicklung.

Die IT-Projektmanagement hat sich parallel dazu in den letzten 10 Jahren stark verändert. Zu den herkömmlich-klassischen Ansätzen (z. B. Wasserfall- oder V-Modell) kamen neue agile Methoden hinzu, die für mehr Flexibilität und Geschwindigkeit stehen und damit den immer dynamischer werdenden globalisierten Märkten und dem damit verbundenen Ruf nach kürzeren Time-to-Markets gerecht werden. Ein beliebtes agiles Projektmanagement-Konzept ist Scrum, das als Framework bezeichnet wird und viele Anhänger gefunden hat.

Das Ziel der vorliegenden Arbeit ist die Untersuchung von Scrum in Hinblick auf den Einsatz in App-Entwicklungsprojekten. Apps, die vornehmlich zur Erweiterung der Funktionen mobiler Endgeräte oder sozialer Netzwerke dienen, sind hoher Marktdynamik unterworfen. Scrum als agiler Ansatz könnte auf Grund der benötigten Flexibilität und Entwicklungs-Geschwindkeit ein erfolgversprechendes PM-Konzept für App-Projekte sein.

Nach der Einleitung wird im zweiten Kapitel der herkömmlich-klassische Projektmanagement-Ansatz den agilen Ansätzen gegenübergestellt und anschließend Scrum als konkretes Vorgehenskonzept dargestellt. Im Folgenden dritten Kapitel werden die Besonderheiten bei der Software-Entwicklung von Apps herausgearbeitet und die daraus resultierenden Anforderungen an das Projektmanagement aufgezeigt. Im vierten Kapitel wird erst allgemein und dann anhand eines realitätsnahen Case dargestellt, ob und wie Scrum im

Rahmen der App-Entwicklung eingesetzt werden sollte. Im abschließenden fünften Kapitel wird ein Fazit gezogen und der Ertrag der Arbeit für das Forschungsgebiet aufgezeigt. Zudem soll ein Ausblick auf zukünftige Herausforderungen im Bereich der App-Entwicklung gegeben und der weitere Forschungsbedarf aufgezeigt werden.

2. Projektmanagement

2.1 Herkömmlich-klassisch versus agiles Projektmanagement

Unter einem **Projekt** soll in Anlehnung an das Projektmanagement-Handbuch von Kuster et al. (2011b, S. 5) ein einheitliches, bereichsübergreifendes Vorhaben verstanden werden, welches zeitlich begrenzt, zielgerichtet, interdisziplinär und derart wichtig, kritisch und dringend ist, dass eine eigene Organisation außerhalb der Linie dafür geschaffen werden muss. Projektmanagement umfasst „alle planenden, überwachenden, koordinierenden und steuernden Maßnahmen, die für die Um- oder Neugestaltung von Systemen oder Prozessen bzw. Problemlösungen erforderlich sind" (Kuster et al. 2011c, S. 8).

Die vorliegende Arbeit fokussiert auf die Projektart IT-Projekte. IT-Projekte haben die Entwicklung von Informations- und Kommunikationssystemen zum Ziel (Wieczorrek und Mertens 2011, S. 11). Projektmanagement wird hier also im Sinne von Management von Software-Entwicklungsprojekten verstanden.

Das „**Magische Dreieck**" des Projektmanagements stellt die zentralen Eigenschaften dar, die ein Projekt auszeichnen. Der Termin zu dem das Projektziel erreicht werden muss, die Kosten, die maximal für die Zielerreichung anfallen dürfen und der Inhalt, der für das Erreichen des Projektziels zu erschaffen ist. Die Eigenschaften stehen dabei an den Ecken eines gleichseitigen Dreiecks.

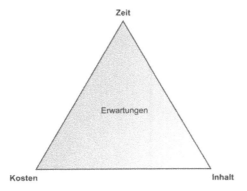

Abb. 1: Das "Magische Dreieck" des Projektmanagements (Bohinc 2010, S. 20)

Eine zentrale Aussage dieser Darstellung ist, dass eine Eigenschaft nicht verändert werden kann, ohne dass sich mindestens eine weitere Eigenschaft ebenfalls verändert. Von dem Fertigstellungstermir ist die Anzahl der benötigten Mitarbeiter und somit auch der Umfang des Projekts abhängig. (Bohinc 2010, S. 20). Soll ein Projekt früher fertig gestellt werden, muss sich der Inhalt verändern (reduzieren) oder die Kosten erhöhen (mehr Personal). Die zur Verfügung stehenden Möglichkeiten zur Projektsteuerung definieren Vorgehensmodellen, auf welche nachfolgend eingegangen wird.

Der Projektprozess von IT-Projekten kann in wiederkehrende, gleichförmige Phasen unterteilt werden, die eine gleichförmige Abwicklung ermöglichen. Daher sind einheitliche Verfahren, die sogenannten Vorgehensmodelle zur Entwicklung der Software einzusetzen (Wieczorrek und Mertens 2011, S. 11f). Unter einem **Vorgehensmodell** versteht man abstrakte, generische Beschreibungen des Systementwicklungsprozesses (Ferstl und Sinz 2008, S. 484). Prozess soll hier nach dem IEEE-Standard 610.12 (1990) als „a sequence of steps performed for a given purpose [...]" verstanden werden (IEEE 1990). Vorgehensmodelle schaffen einen Rahmen für das Projekt, wobei sie das Was und nicht das Wie aufzeigen (Grechenig 2010, S. 412).

Kennzeichnend für **sequentielle Vorgehensmodelle** ist, dass am Ende einer Phase ein prüfbares Phasenprcdukt erzeugt wird und jede nachfolgende Phase erst starten kann, wenn die Vorherige abgeschlossen ist. Zudem kann das fertige Produkt gegen die in der Spezifikation festgehaltenen Anforderungen geprüft werden (Ruf und Fittkau 2008, S. 30). Die Abbildung 2 zeigt die aufeinander folgenden Phasen des sequentiellen Vorgehensmodells.

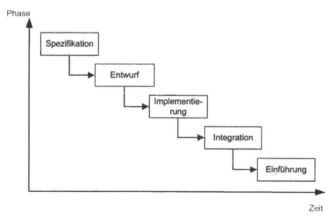

Abb. 2: Sequentielles Vorgehensmodell (Ruf und Fittkau 2008, S. 30)

Exemplarisch für sequentielles Vorgehen soll nachfolgend auf das **Wasserfallmodell** eingegangen und seine Vor- und Nachteile aufgezeigt werden. Laut Grechenig sieht das Wasserfallmodell die Phasen Anforderungen, Analyse, Entwurf, Implementierung, Test und Betrieb vor (Grechenig 2010, S. 374). Ferstl und Sinz nennen die Phasen Projektplanung, Anforderungsanalyse und –Definition, Softwareentwurf, Realisierung sowie Abnahme und Einführung (Ferstl und Sinz 2008, S. 478). In dieser Arbeit soll der Definition von Ferstl und Sinz gefolgt werden, um den Projektcharakter der Software-Entwicklung stärker hervorzuheben.

In der Phase der Projektplanung wird das Projekt initiiert und der Projektplanungsauftrag erstellt. Zudem werden in einem Lastenheft die fachlichen Anforderungen an das Produkt aus Auftraggeber-Sicht spezifiziert. In der nachfolgenden Phase der Anforderungsanalyse und –Definition wird aus dem Lastenheft das Pflichtenheft erstellt, welches die vollständigen fachlichen Anforderungen aus der Sicht des Auftragnehmers enthält. Nach deren Abnahme beginnt die Phase des Systementwurfs, die aus dem Software-Systementwurf und dem Software-Komponentenentwurf besteht. Wurden die Teilsysteme in Komponenten zerlegt beginnt die Phase der Realisierung mit der Codierung und dem Test der Komponenten. Nach deren Integration in ein Gesamtsystem und dem Testen, wird die Software mit der erstellten Systemdokumentation im Rahmen der Phase der Abnahme und Einführung beim Auftraggeber in Betrieb genommen (Ferstl und Sinz 2008, S. 480). Der sequenzielle Prozess setzt voraus, dass die Anforderungen bereits zu Beginn des Projektes bekannt sind (Tiemeyer 2010, S. 19).

Ein **Vorteil** des Wasserfallmodells ist das einfache Messen des Projektfortschritts. Durch die sequentielle Vorgehensweise ist jederzeit festzustellen, in welcher Phase man sich gerade befindet (Ferstl und Sinz 2008, S. 485). Das Wasserfall-Modell ist für IT-Projekte vorteilhaft, bei denen kaum bzw. keine Änderungen der Anforderungen während der Realisierung der Software anfallen (Ruf und Fittkau 2008, S. 31).

Ein **Nachteil** des Wasserfallmodells ist das vollständig sequentielle Vorgehen, was als inhärentes Risiko erachtet wird (Grechenig 2010, S. 375). In der Praxis ist es in größeren Projekten zur Entwicklung von Software kaum möglich, sämtliche fachlichen Anforderungen vollständig vor Beginn von Systementwurf und Realisierung zu spezifizieren (Ferstl und Sinz 2008, S. 485). Das sequentielle Dilemma bedeutet, das je innovativer eine IT-Lösung ist, desto weniger ist zu Beginn des Projekts über die erforderlichen Eigenschaften bekannt und desto dynamischer eine Branche ist, desto stärker wandeln sich die Anforderungen im Verlauf des Projekts (Nehfort 2011, S. 415). Als Defizit sämtlicher Prozessmodelle, die auf der sequentiellen Durchführung von Phasen beruhen, nennt Grechenig das Fehlen einer

Möglichkeit zur schnellen Reaktion auf Veränderungen der Anforderungen in der Projektdurchführung (Grechenig 2010, S. 373). Muss der Plan geändert werden, ist ein Rückschritt in eine frühere Phase notwendig, der mit hohen Kosten und viel Aufwand einhergeht (Eckkrammer et al. 2010, S. 81).

Ein weiterer Nachteil ist, dass die User nur zu Beginn und am Ende in die Entwicklung involviert werden, wobei die Dauer zwischen Projektidee und Inbetriebnahme lange sein kann (Ruf und Fitt<au 2008, S. 31). Sieht der Auftraggeber das Produkt am Ende des Projektes zum ersten Mal, kommt es auf Grund des subjektiven Interpretationsspielraums häufig zu Abweichungen der Software von den Vorstellungen des Auftraggebers. Des Weiteren treten Fehler beim sequentiellen Vorgehen erst sehr spät z. B. in der Testphase auf und sind dann nur mit hohen Kosten zu korrigieren (Eckkrammer et al. 2010, S. 81f).

Nachteilhaft am Wasserfallmodell ist zudem die Einschränkung der Kreativität der Programmierer. Die Lehre des klassischen Projektmanagements sieht einen kooperativen Führungsstil vor. In stark hierarchisch geprägten Organisationen wird häufig ein autoritärer Führungsstil gepflegt, der negative Auswirkungen auf Projekte in Form von nachlassender Motivation und Leistungsbereitschaft der Mitarbeiter hat. Anweisungen werden rein exekutiv von den Mitarbeitern umgesetzt, wobei ihr kreatives Potential ungenutzt bleibt (Wieczorrek und Mertens 2011, S. 104). Ebenfalls nicht förderlich für Kreativität ist, dass dem Projektteam nach Abschluss der umfangreichen Planungsaufgabe lediglich die termingerechte Abarbeitung der einzelnen Aufgaben bleibt (Wieczorrek und Mertens 2011, S. 105).

Vorgehensmodelle bei denen bereits zu Beginn des Projekts alle terminlichen, wirtschaftlichen und organisatorischen Themen definiert werden, werden vom Management präferiert, um inhaltliche und zeitliche Ziele planen zu können, obwohl Projekte ständiger Dynamik ausgesetzt die die Ziele und Pläne schnell wieder veralten lassen (Wieczorrek und Mertens 2011, S. 104). Die genannten Nachteile und Defizite herkömmlich-klassischer Methoden führten zur Suche und Entwicklung neuer Ansätze.

Agile Projektmanagement-Ansätze sind entstanden, um in möglichst kurzer Zeit eine auf den Bedarf des Kunden oder Anwenders abgestimmte Software zu entwickeln, ohne vorab die exakten Anforderungen im Detail festzulegen (Kuster et al. 2011a, S. 29). Die Leitlinien der agilen Vorgehensmodelle finden sich im **Manifesto for Agile Software Development** (Beck et al. 2001), das unter der Internetadresse http://agilemanifesto.org/ erreichbar ist. Der Grundgedanke des Manifests ist, dass die Menschen, die die Software erstellen im Mittelpunkt stehen. Sie erschaffen in enger Abstimmung mit dem Auftraggeber lauffähige Software und können schnell und flexibel, daher der Begriff „agil", auf Änderungen der

Anforderungen eingehen (Eckkrammer et al. 2010, S. 73). Dabei soll das Projektteam in weitgehender Autonomie selbstbestimmt den Weg zum Ziel finden, wobei das Projektmanagement die Aufgabe hat, den Akteuren Hindernisse aus dem Weg zu räumen. Der verbalen Kommunikation kommt im agilen Projektmanagement eine große Bedeutung zur Lösung von Problemen zu. Denn durch die enge Zusammenarbeit entsteht kollektives Gruppenwissen, was zur Reduktion der Schnittstellenproblematik und zu einem kohärenten Produkt führt (Eckkrammer et al. 2010, S. 74).

Des Weiteren wird im agilen Manifest lauffähige Software vor umfangreiche Dokumentation gestellt (Beck et al. 2001). Der Projektfortschritt wird ergebnisorientiert anhand lauffähiger Software gemessen und nicht wegorientiert wie in sequentiellen Vorgehensmodellen bspw. als Prozentangabe. Es wird nicht vollständig auf Dokumentation verzichtet, sondern lediglich auf solche, die keinen Mehrwert bringt. Im Gegensatz zum sequentiellen Vorgehen wird zu Beginn des Projekts nicht eine vollständige und detaillierte Spezifikation und Planung vorgenommen, da es in der Regel zu Änderungen der Anforderungen des Kunden im Projektverlauf kommt. Änderungen im Umfeld des Projekts sind im agilen Projektmanagement erwünscht und fließen in die laufende Planung ein (Eckkrammer et al. 2010, S. 75).

Zudem wird im agilen Manifest der Zusammenarbeit mit Auftraggebern einen höheren Stellenwert eingeräumt als Vertragsverhandlungen (Beck et al. 2001). Beim sequentiellen Vorgehen tritt häufig das Problem auf, dass die fertige Software den tatsächlichen Anforderungen nicht entspricht. Agiles Vorgehen integriert den Kunden und dessen Bedürfnisse durch ständigen Austausch in den Entwicklungsprozess. Der Kunde fällt die Entscheidungen und erfährt dabei Beratung durch das Projektteam. Durch die enge Abstimmung und den Austausch können bereits in der nächsten Iteration korrigierende Maßnahmen eingeleitet werden, wenn dem Kunden das Produkt nicht gefällt und nicht erst nach Abschluss der Entwicklung (Eckkrammer et al. 2010, S. 75f).

Des Weiteren wird beim agilen Projektmanagement das Reagieren auf Änderungen höher gewertet als das starre Befolgen eines Plans (Beck et al. 2001). Hinsichtlich Anforderungsmanagement ist ein wesentlicher Unterschied des agilen Vorgehens im Vergleich zum sequentiellen, dass nicht bereits zu Projektbeginn alle Anforderungen bekannt sein müssen (Tiemeyer 2010, S. 19). Die agile Vorgehensweise ermöglicht eine hohe Reaktionsfähigkeit bei Änderungen der Kundenwünsche, indem die Anforderungen erst kurz vor der eigentlichen Umsetzung feinspezifiziert werden. Zu Beginn des Projektes steht dagegen nur eine grobe Planung fest, um die Aufwandsschätzung zu ermöglichen. Die Ziele, die mit der Umsetzung des Projektes zu erreichen sind, werden jedoch schon zu Beginn festgelegt. Erst kurz vor der Umsetzung wird dann die Detail-Planung und Spezifikation vorgenommen. Dies zeigt, dass bei agiler Vorgehensweise auch geplant wird, allerdings kurzfristiger und flexibler. Vorteilhaft ist dabei, dass das Team selbst die Planung vornimmt und somit eine stärkere Bindung an die vereinbarten Ziele aufweist (Eckkrammer et al. 2010, S. 76).

Auch beim agilen Vorgehen erfolgt die Projektsteuerung über das magische Dreieck. Wird im Laufe des Projektes eine Komponente geändert, bspw. der Liefertermin, so muss sich auch dementsprechend eine weitere Komponente bspw. die Kosten ändern, weil beispielsweise mehr Entwickler eingestellt werden müssen, um den früheren Liefertermin zu realisieren, was jedoch dem agilen Gedanken eines starken Teams widerspricht. Am Einfachsten umzusetzen, ist bei agiler Vorgehensweise die Reduktion der Features auf die Conditions of Satisfaction, die im ersten Release ausgeliefert werden. Die Nice-to-have-Features werden dann im darauffolgenden Release geliefert. Um trotzdem zum Projektstart ein Festpreisangebot abgeben zu können und messbare Abnahmekriterien zu schaffen, wird die Kante „Inhalt" vollständig definiert und in harte Conditions of Satisfaction und Nice-to-have-Anforderungen aufgeteilt (Eckkrammer et al. 2010, S. 110). Im Ergebnis gibt es gegenüber herkömmlich-klassischer Vorgehensweise keinen Nachteil in Bezug auf die Angebotserstellung für den Auftraggeber und den Auftragnehmer.

Nachfolgend sollen die **Vorteile** von agilen Vorgehensmodellen dargestellt werden. Agiles Vorgehen bringt eine höhere Produktivität, gesteigerte Engagement und höhere Zufriedenheit der Mitarbeiter. Weitere Vorteile sind eine geringere Time-to-Market, gesteigerte Qualität, höhere Zufriedenheit bei den Stakeholdern und die nachlassende Eignung herkömmlicher Methoden (Cohn 2010a, S. 39). Das gesteigertes Engagement der Mitarbeiter ist auf die Förderung von nachhaltigen Arbeitstempo und weniger Überstunden zurückzuführen. Die kurze Time-to-Market begründet sich in der gesteigerten Produktivität und der höheren Wahrscheinlichkeit inkrementeller Releases, d.h. die gelieferte Funktionalität wird von den Stakeholdern als auslieferbar erachtet. Die höhere Qualität ist auf das gleichmäßige Tempo zurückzuführen. Die höhere Zufriedenheit bei den Stakeholdern ist auf den besseren Umgang mit dem Wechsel von Prioritäten bei agilem Vorgehen zurückzuführen (Cohn 2010a, S. 40ff).

Agile Vorgehensmodelle bieten eine höhere Flexibilität als herkömmliche Vorgehensweisen (Kuhrmann 2008). Dem Kunden stehen die pro Iteration entwickelten Software-Komponenten direkt zur Verfügung. Er erhält zeitnah einen Return-on-Investment (ROI) durch den produktiven Einsatz der neuen Funktionen, wohingegen bei sequentieller Vorgehensweise die komplette Software erst nach Abschluss des Projektes zur Verfügung steht (Eckkrammer et al. 2010, S. 111). In agilen Projekten kann der Umfang leicht herabgesetzt werden, wenn die Zeit bis zum Release für die Umsetzung des vollen Backlog-Umfangs nicht reicht, denn die wichtigsten Features werden im Sprint zuerst umgesetzt. Daher bleiben am Ende nur weniger wichtige Features übrig, die nicht umgesetzt werden können. Da am Ende jedes Sprints potentiell auslieferbarer Code erstellt wird, kann der Umfang ohne Problem beschnitten werden (Cohn 2010a, S. 326).

Nachfolgend sollen einige **Nachteile** und Probleme des agilen Vorgehens aufgezeigt werden. Laut Kuhrmann ist rein agiles Vorgehen nur für Projekte überschaubaren Umfangs geeignet. Zudem müssen sich in agilen Projekten alle Projektbeteiligten auf ein gemeinsames Vorgehen einigen und diesem auch folgen. Des Weiteren treten häufig Probleme im Bereich der Vertragsgestaltung durch das Eingehen auf Veränderungen auf, wenn dies als Vertragsänderung ausgelegt wird. Auch bei Festpreisprojekten treten im Falle von umfangreichem Prototyping für einen geringen Ertrag von Produktivcode häufig Probleme zwischen Kunden und Auftragnehmer auf. Bei Projekten in stabilem Umfeld, d. h. ohne Änderungen der Anforderungen kann zudem das agile Vorgehen seine Stärken nicht ausspielen (Kuhrmann 2008).

Boehm und Thurner haben ein Modell entwickelt, dass **Entscheidungen über das Maß** an Agilität ermöglicht, das bei der Durchführung verschiedener Projekte vorteilhaft ist.

Die Entscheidung über den Grad des Einsatzes agiler Methoden wird in dem Modell von der Ausprägung folgender Entscheidungsfaktoren abhängig gemacht:

- Teamstruktur (Personnel)
- Dynamik der Anforderungen (Dynanism)
- Entwicklungskultur (Culture)
- Teamgröße (Size)
- Kritikalität des Projektes (Boehm und Turner 2005, S. 54f)

Hinsichtlich Teamstruktur sieht das Modell von Boehm und Turner vor, dass die Beteiligten in agilen Projekten eine höhere Qualifikation aufweisen müssen als beim Einsatz plangetriebener Projektmanagement-Methoden. Diese Annahme wird jedoch von der agilen Community bestritten.

Die Dynamik der Anforderungen beschreibt, wie häufig Änderungen der Anforderungen vorkommen. Kommen Änderungen häufig vor, muss die eingesetzte Projektmanagement-Methode es einfach ermöglich, die Änderungen einfließen zu lassen. Agile Methoden begrüßen Änderungen und eignen sich daher besser als herkömmlich-klassische Methoden zu Einsatz bei hoher Dynamik der Anforderungen.

Das Kriterium der Entwicklungskultur bedeutet, dass es auf das organisatorische Umfeld ankommt, ob agile Methoden eingesetzt werden können. Dabei sind zum Beispiel die Denkweise des Teams und die Erwartungshaltung der Stakeholder ausschlaggebend.

Hinsichtlich der Teamgröße sind agile Methoden in kleinen bis mittelgroßen Teams am effizientesten einzusetzen, was auf die direkte Kommunikation und die leichtgewichtige Dokumentation zurückzuführen ist. Allerdings gibt es für größere Teams auch den sogenannten „Team of Teams"-Ansatz der eine Skalierung der Teamgröße ermöglicht.

Unter dem Kriterium Kritikalität wird verstanden, ob Menschenleben von dem Softwaresystem abhängen. In diesem Fall müssen sehr viel höhere Maßstäbe hinsichtlich Prüfung und Nachvollziehbarkeit angelegt werden. Projekte mit hoher Kritikalität sind mit agilen Methoden auf Grund des hohen Grads an Regulierung schwierig vereinbaren (Grechenig 2010, S. 411).

In Abbildung 3 sind verschiedenen Entscheidungskriterien auf je einer Achse abgetragen. Wird ein Projekt so bewertet, dass sich alle Ausprägungen im Zentrum des Diagramms befinden, befindet es sich im agilen Bereich. Erfolgt die Einstufung im äußeren Bereich, so handelt es sich um ein Projekt für herkömmlich-klassische also plangetriebene Vorgehensweise. Für Projekte, die bspw. überwiegend agile Einstufungen aufweisen, sollten die Ausnahmen als Risikoquellen gesehen und einem Risiko-Management unterzogen werden (Boehm und Turner 2005, S. 57).

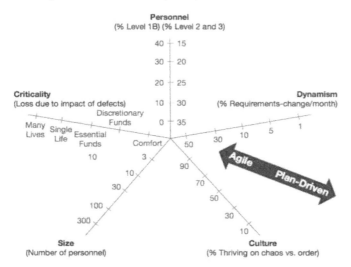

Abb. 3: Entscheidungsmodell nach Boehm und Turner (Boehm und Turner 2005, S. 56)

Nach den Ausführungen über agiles Projektmanagement soll nun Scrum als konkretes agiles Vorgehenskonzept dargestellt werden.

2.2 Scrum als Vorgehenskonzept

Scrum ist ein Framework zum Managen komplexer Projekte. Framework wird hier in dem Sinn verstanden, dass Scrum eine Architektur des Prozesses mit bestimmten Regeln und Komponenten vorgibt und deren Anordnung und Reihenfolge beschreibt (Wirdemann 2011, S. 26).

Scrum ist ein iterativer und inkrementeller Prozess. Iterativ, weil das Projekt bzw. die Software durch sukzessive Verfeinerung fertiggestellt wird. Beispielsweise wird in einer ersten Iteration ein Suchbildschirm programmiert und in einer zweiten Iteration Filterkriterien hinzugefügt. Scrum ist aber auch ein inkrementeller Prozess, d. h. die Software wird stückweise programmiert und zur Verfügung gestellt. Jedes Inkrement an Software ist eine abgeschlossene Funktionsgruppe, die vollständig programmiert und getestet ist (Cohn 2010b, S. 181f). Die Komponenten, Regeln sowie die dahinterstehende Philosophie von Scrum sollen im Folgenden vorgestellt werden.

Der **Scrum Fluss** beginnt mit einer Vision, die das zu entwickelnde Produkt beschreibt. Die Vision wird vom Product Owner zusammen mit dem Kunden entwickelt und beschreibt die Käufer, deren Bedürfnisse, die Gründe für den Kauf des Produktes sowie Unterscheidungsmerkmale zu ähnlichen Produkten (Wirdemann 2011, S. 29).

Auf Basis der Vision definiert der Product Owner die Produkt-Funktionalitäten in Form von Product Backlog Items und trägt diese in das Product Backlog ein. Die Sortierung des Product Backlogs erfolgt nach dem zu erwartenden finanziellen Gewinn der Funktionalitäten (Gloger 2011, S. 11).

Nach der Aufstellung des Product Backlogs erfolgt die Schätzung seiner Größe durch das Scrum-Team. Das Ergebnis der Schätzung gibt dem Product Owner eine Vorstellung von den Kosten, die für die Erstellung der Software entstehen (Gloger 2011, S. 11). Im Rahmen des Estimation Meetings werden die vorhandenen Items neu geschätzt und neue Items erstmalig geschätzt (Gloger 2011, S. 158). Das Schätzen erfolgt bspw. durch Spielen von Planning Poker. Dabei wird ein Backlog Item ausgewählt und jedes Teammitglied wählt ein Spielkarte der geschätzten Anzahl an Story Points und legt sie verdeckt vor sich hin, danach werden gleichzeitig die Karten umgedreht und die Person mit dem höchsten und dem niedrigsten Wert muss jeweils erläutern wie sie zu dieser Schätzung kam, danach wird in einer neuen Runde geschätzt. Die Zahlen gleichen sich dann an und das Team einigt sich auf einen Wert (Gloger 2011, S. 144). Die Vision, die Aufstellung des Product Backlogs und die Schätzung gehören zu der strategischen Planungsphase, die der eigentlichen Umsetzung vorausgeht (Gloger 2011, S. 11).

Nach der Genehmigung des Projekts beginnt die Arbeit des Projektteams im Rahmen sogenannter Sprints. Ein Sprint ist eine Iteration mit der Dauer eines Monats, die mit einem Sprint Planning Meeting beginnt und mit der Präsentation der erstellten Funktionalität im Rahmen des Sprint Review Meetings endet (Schwaber 2008, S. 122f).

Im **Sprint Planning Meeting** legen der Product Owner und das Team fest, welche Funktionalitäten im Rahmen des Sprints umgesetzt werden. Im ersten Teil des Sprint Planning Meetings wählt der Product Owner aus den am höchsten priorisierten Aufgaben diejenigen aus, die das Team umsetzen soll und präsentiert diese. Die Teammitglieder stellen dabei Fragen zu Inhalt, Zweck, Bedeutung und den mit der Funktionalität verbundenen Absichten. Das Team verpflichtet sich daraufhin, zur Umsetzung bestimmter Aufgaben innerhalt des nächsten Sprints (Commitment) (Schwaber 2008, S. 122). Im zweiten Teil des Sprint Planning Meetings diskutiert das Team im Rahmen einer Arbeitssitzung die Möglichkeiten zur Umsetzung der Anforderungen. Es entstehen erste Designskizzen und die Architektur. Das Ergebnis wird in Form von Aufgaben in das Sprint Backlog eingetragen (Gloger 2011, S. 13).

Im **Daily Scrum**, einem täglich stattfindenden 15-minütigen Meeting, trifft sich das Scrum-Team. Jedes Mitglied muss drei Fragen beantworten: Was habe ich seit dem letzten Daily Scrum Meeting erreicht? Was plane ich bis zum nächsten Meeting zu erreichen? Welche Hindernisse haben sich mir in den Weg gestellt? Durch das Daily Scrum Meeting soll die Arbeit des Teams in Einklang gebracht werden (Ken Schwaber S. 8).

Am Ende eines Sprints kommen das Team, der Product Owner sowie alle Stakeholder zum **Sprint Review Meeting** zusammen. Das Team präsentiert die während des Sprints geschaffene Produktfunktionalität. Das Sprint Review Meeting hilft durch gemeinschaftliche Überlegungen bei der Entscheidung, was als nächstes entwickelt werden soll (Ken Schwaber S. 9).

Zwischen Sprint Review und Sprint Planning Meeting führt der Scrum Master ein **Sprint Retrospective Meeting** mit dem Team durch. Dabei soll das Team den Entwicklungsprozess reflektieren, um so Verbesserungen und eine effizientere und angenehmere Arbeitsweise für den nächsten Sprint zu erreichen (Ken Schwaber S. 9).

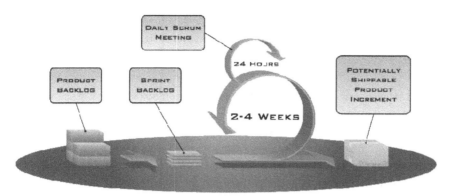

Abb. 4: Der Scrum Fluss (Cohn 2005)

Scrum sieht drei verschiedene **Rollen** vor: Den Product Owner, das Team und den Scrum Master (Schwaber 2008, S. 121). Der Product Owner nimmt die Perspektive des Endkunden ein und steuert die Entwicklung der Software (Hanser 2010, S. 62). Er trägt Verantwortung dafür, dass die Funktionen der Software in der richtigen Reihenfolge entwickelt werden und die Projektergebnisse im richtigen Verhältnis zum finanziellen Aufwand stehen (Gloger 2011, S. 14). Zudem entwirft er Releasepläne und verantwortet die Anforderungsliste in Form des Product Backlogs (Schwaber 2008, S. 121).

Das Team stellt die Lieferanten des Produkts dar (Gloger 2011, S. 14). Es verwaltet und organisiert sich selbst und ist verantwortlich für die Umsetzung eines Teils des Product Backlogs innerhalb einer Iteration in ein Inkrement an Funktionalität (Schwaber 2008, S. 121).

Der Scrum-Master ist verantwortlich für den Scrum Prozess, die Schulung der Scrum-Inhalte, die Förderung des Verständnisses von Scrum im Team, sowie die Implementierung von Scrum innerhalb der Unternehmenskultur. Des Weiteren muss er dafür Sorge tragen, dass die Scrum-Regeln und –Verfahren eingehalten werden (Ken Schwaber S. 7).

Artefakte sind von Scrum Teams verwendete Werkzeuge und Zwischenprodukte, um Scrum erfolgreich in herausfordernden Projekten einzusetzen (Gloger 2010, S. 15). Zu den Artefakten zählt das Product Backlog, auf das bereits im Rahmen der Beschreibung des Scrum Flow auf Seite 11 eingegangen wurde. Das Impediment Backlog ist eine Liste der Hindernisse, die vom Scrum Master geführt wird und die Themen visualisiert, die er lösen muss, um ein reibungsloses Arbeiten des Team zu gewährleisten. Die Selected Backlog Itmes sind eine geordnete Liste der Funktionalität, die das Scrum Team bis zum Ende des Sprints erstellen möchte. Als Potentiell lieferbares Produkt Inkrement wird ein Teil des

Produktes bezeichnet, das bis zum Ende eines Sprints produziert wird und „fertig" in dem Sinne ist, dass daran nicht mehr gearbeitet werden müsste, wenn die Entwicklung gestoppt würde. Das Sprint Backlog ist eine Liste von Aufgaben, die dem Team zur Visualisierung und Synchronisierung der Aktivitäten dient (Gloger 2010, S. 15).

User Stories (Stories) sind ein erfolgreiches Konzept der Agilen Softwareentwicklung und verwenden die Sprache des Anwenders, um Anforderungen an eine Software zu formulieren. User Stories werden in der Praxis häufig verwendet, um im Product Backlog die Planung und Priorisierung der Anforderungen zu realisieren. Scrum selbst macht keine Vorgaben zur Herkunft, Erhebung oder Formulierung von Anforderungen, sondern lediglich zur Verwaltung im Product Backlog (Wirdemann 2011, S. 1). Daher soll an dieser Stelle auf User Stories eingegangen werden. User Stories beschreiben Funktionalitäten, die für User bzw. Käufer von Software oder Systemen einen Wert darstellen (Cohn 2010b, S. 26). Dies vereinfacht die Priorisierung der Stories innerhalb des Product Backlog für den Product Owner, weil es ihm somit möglich ist, User Stories mit Hilfe einer wirtschaftlichen Kosten-Nutzen-Rechnung zu bewerten und zu vergleichen (Wirdemann 2011, S. 1). In User Stories werden technische Anforderungen so formuliert, dass der Wert für den Kunden deutlich wird. Dies führt dazu, dass bspw. im Sprint Review Meeting ein Item besser vorgeführt werden kann und hilft auch den Entwicklern zu verstehen, warum etwas entwickelt wird und welchem Zweck es dient (Cohn 2010b, S. 190).

User Stories bestehen aus einer schriftlichen Darstellung der Story, die zur Planung und als Gedankenstütze dient, Gesprächen über die Story, um Details zu erheben und Tests, die der Vermittlung und Dokumentation dienen und die aufzeigen, wann eine Story „done" ist (Cohn 2010b, S. 26). Das nachfolgende Beispiel einer User Story für eine Webseite einer Firma zur Job-Vermittlung soll zur Verdeutlichung herangezogen werden: „Ein User kann seine Bewerbung auf der Website veröffentlichen" (Cohn 2010b, S. 26).

Planung ist ein wichtiger Aspekt von Scrum. Durch die Verpflichtung von Scrum Teams zur Lieferung der Features mit dem größten Geschäftswert, müssen sie und der Product Owner abschätzen wie teuer die Entwicklung der Features ist. Des Weiteren müssen Scrum Teams abschätzen wie lange die Entwicklung dauert, um Features rechtzeitig an den Markt bringen zu können (Cohn 2010a, S. 315).

Planung bei Scrum ist ungleich der Planung bei herkömmlich-klassischer Vorgehensweise nicht aktivitätsbezogen, sondern bezieht sich auf die Größe der Backlog Items und die Kapazität des Teams. Das Team schätzt dabei selbst und legt den Liefertermin fest, d. h. die Ziele werden selbst gesteckt und dann versucht zu erreichen (Gloger 2011, S. 56). Beim Schätzen geht es in Scrum nicht um die Festlegung der voraussichtlichen

Entwicklungsdauer, sondern um relative Größen. Zum Schätzen wird eine mittelgroße Story aus dem Backlog als Referenz verwendet und alle anderen Stories in Relation zur Referenz-Story gesetzt. User Stories werden in Story Points geschätzt, wobei ein Story Point lediglich eine Aussage über die relative Größe einer Story in Bezug auf eine andere macht (Wirdemann 2011, S. 70ff).

Agiles Schätzen und Planen basiert auf der Trennung von Größe und Dauer. Die Größe wird geschätzt und über den Projektverlauf werden auf Basis eines Feedback-basierten Lern- und Planprozesses mit zunehmender Genauigkeit Aussagen über die Dauer möglich. Dazu wird über mehrere Sprints geprüft, wie viele Story Points pro Sprint umgesetzt werden konnten. Auf Basis der so ermittelten Entwicklungsgeschwindigkeit wird die zukünftige Planung aufgebaut. Die Entwicklungsgeschwindigkeit heißt bei Scrum Velocity und wird in Story Points gemessen, z. B. schafft ein Team 15 Story Points pro Sprint. Enthält ein Product Backlog User Stories mit insgesamt 30 Story Points, so sind nach zwei Sprints sämtliche Stories umgesetzt (Wirdemann 2011, S. 83f). Auf Basis der Velocity ist es dem Product Owner möglich eine Releaseplanung vorzunehmen.

Jede für einen Sprint geplante User Story muss vollständig in einem Sprint umsetzbar sein. Ist eine User Story zu groß, muss sie vom Product Owner geschnitten werden. Das Schneiden kann bspw. vertikal oder horizontal erfolgen. Vertikal heißt, dass eine User Story alle drei Schichten der Systemarchitektur umfasst, horizontal bedeutet, das eine User Story z. B. nur die Präsentationsschicht nicht aber die Logik- oder die Datenhaltungsschicht umfasst (Gloger 2011, S. 112f).

Nachdem in den vorherigen Abschnitten auf die Regeln, Artefakte, Meetings und Rollen von Scrum eingegangen, das Konzept der User Stories vorgestellt, sowie die Planungsmöglichkeiten in Scrum aufgezeigt wurden, soll nachfolgend untersucht werden, für welche Projekte der Einsatz des Scrum-Frameworks geeignet ist.

Der **Einsatz von Scrum** zur Software-Entwicklung ist besonders für Situationen geeignet, die durch Unvorhersehbarkeit und Einmaligkeit gekennzeichnet sind (Grechenig 2010, S. S.387). Zudem ist es für komplexe Softwareprojekte einsetzbar, in denen neue Technologien zum Einsatz kommen und Flexibilität eine hohe Bedeutung hat, sowie eine ganzheitliche Planung unmöglich ist. Dabei kann Scrum sowohl in kleinen Teams, d. h. fünf bis neun Mitglieder als auch in großen und verteilten Entwicklungsteams zum Einsatz kommen. Je größer das Team ist, desto höher ist jedoch der Kommunikationsaufwand und Dokumentationsbedarf. (Eckkrammer et al. 2010, S. 92). Da Scrum als Framework keine Vorgaben hinsichtlich einzusetzender Software-Entwicklungsmethoden macht, ist es für Softwareprojekte unterschiedlicher Größenordnungen geeignet und kann in hybriden

Ansätzen z. B. in Kombination mit XP eingesetzt werden (Grechenig 2010, S. 390). XP ermöglicht einen sehr hohen Grad an Qualitätssicherung durch Konzepte wie Paarprogrammierung, testgetriebenes Entwickeln und Refaktorisieren (Padberg und Tichy 2007, S. 162).

Für Scrum als agiles Vorgehen gelten im Vergleich zum herkömmlich-klassischen Vorgehen, die auf Seite 7 aufgezeigten Vorteile agiler Projektmanagement-Methoden. Darüber hinaus sind die Einfachheit, klare Regeln und die damit erzielbaren Steigerungen der Produktivität weitere **Vorteile von Scrum**. Bei Scrum werden Änderungen der Anforderungen selbst in einer späten Phase des Projekts begrüßt (Grechenig 2010, S. 390). Scrum bietet diese Flexibilität bei sich ändernden Kundenanforderungen, indem zu Beginn des Sprints die Auswahl und Übernahme der Features in das Sprint Backlog erfolgt (Schatten et al. 2010, S. 64). Dies stellt für Anwendungen in dynamischen Märkten einen großen Vorteil dar, weil somit auf geänderte Marktanforderungen eingegangen werden kann.

Besonders mit kleinen Teams ist bei Einsatz von Scrum eine hohe Flexibilität zu erreichen. Da Qualitätssicherung ein Bestandteil des Sprints ist, werden in der Regel Methoden wie Test-Driven Development, Pair Programming und Reviews eingesetzt, die zu schnellem Feedback und somit zur stetigen Verbesserung der Software führen (Schatten et al. 2010, S. 64f).

Die Software-Komponenten stehen in Scrum-Projekten schnell zur Verfügung, da am Ende eines in der Regel zwei- bis vierwöchigen Sprints ein funktionierendes Produkt-Inkrement ausgeliefert wird (Schatten et al. 2010, S. 65).

Scrum definiert lediglich die Methode zur Steuerung und Planung und gibt nicht die Aspekte der Softwareentwicklung vor, wodurch ein Einsatz von Scrum in hybriden Ansätzen zur Softwareentwicklung möglich ist, z. B. in Kombination mit XP (Grechenig 2010, S. 390).

Als Nachteil von Scrum können die Herausforderungen bei der Einführung in bislang herkömmlich-klassisch entwickelnden Unternehmen gesehen werden. Die Gründe liegen in der Notwendigkeit des Wandels innerhalb des Unternehmens sowohl top down als auch bottom up, zu einem nicht vorhersehbaren Endzustand, der Notwendigkeit zur Veränderung in vielen Unternehmensbereichen, der Andersartigkeit von Scrum und den durch die Einführung bewirkten schnelleren Veränderungen (Cohn 2010a, S. 33ff). Es kann in Organisationen zu starkem Widerstand gegen die Scrum-Praktiken kommen, was an der Abneigung von Personen gegen Neuerungen wie bspw. einfaches Design, Pair Programming oder testgetriebene Entwicklung liegt. Des Weiteren kann es zur Überforderung von Teammitgliedern auf Grund des Erlernens neuer Entwicklungspraktiken kommen, was zu Blockaden führt (Cohn 2010a, S. 85). Die Schwierigkeit bei Einsatz von

Scrum ist nicht das Verständnis des Prozesses, sondern seine korrekte Anwendung (Wirdemann 2011, S. 3).

Beim Einsatz von Scrum besteht eine gewisse Abhängigkeit von einem sozial ausgewogenen Team, d. h. zu dominante Individuen stören die Selbstorganisation innerhalb des Team und führen zur Verminderung der Produktivität (Kuhrmann 2008).

Abschließend kann hinsichtlich Scrum bilanziert werden, dass vieles für den Einsatz von Scrum als agiles PM-Konzept spricht. Durch das Selbststeuerungsprinzip entspricht Scrum in stärkerem Maße den Vorstellungen heutiger hochqualifizierter Wissens-Arbeiter als das herkömmlich-klassische Vorgehen. Durch die vom Team selbst vorgenommene Planung und Konzeption im Rahmen der Sprint Planning Meetings wird die Kreativität angeregt. Die selbst gesteckten Ziele und das Commitment zu den Backlog Items fördern den Ehrgeiz und die Leistungsfähigkeit der Entwicklerteams. Gerade die von den Marketing-Abteilungen und. dem Produktmanagement geforderten neuen oder geänderten Features, die häufig eine Reaktion auf veränderte Marktanforderungen bzw. Kundenwünsche sind, können durch die Scrum Methodik der Auswahl der Items aus dem Product Backlog vor jedem Sprint individuell berücksichtigt werden. Für das IT-Management bietet Scrum ein mächtiges Instrument, um eine höhere Produktivität in den Entwicklungs- und Produktabteilungen zu realisieren und die Wettbewerbsfähigkeit des Unternehmens durch eine höhere Anzahl entwickelter Features bzw. kürzeren Abständen zwischen den Releases zu steigern.

3. Herausforderungen bei der Entwicklung von Apps

3.1 App-Entwicklung versus Projektmanagement-Konzepte

Eine **Definition**, **Einordnung** und **Klassifizierung** von Apps ist schwierig, da der Begriff App zurzeit nicht einheitlich definiert wird. Linnhoff-Popien versteht unter Mobile Apps Programme, die auf Smartphones ausgeführt werden (Linnhoff-Popien und Verclas 2012, S. 3). Krcmar definiert den Begriff App als Kurzform für Application und versteht darunter eine nicht integrierte Anwendung für Smartphone und Tabletcomputer (Krcmar 2008). Olanoff definiert eine App als „any website or mobile application that lets you do any number of things" (Olanoff). Zunehmende Verbreitung finden derzeit Smart TVs, die über einen Internetzugang und die Möglichkeit zur Installation von Apps verfügen (Schmitt 2012). Zudem haben Apps für soziale Netzwerk viele Anhänger gefunden, wie auf der nächsten Seite ausgeführt wird, daher soll hier App wie folgt definiert werden: Apps sind Anwendungen, die von den Anbietern für eine oder mehrere Plattformen (mobile, soziale, stationäre) entwickelt und von den Usern auf einer oder mehreren Plattformen eingesetzt werden, um dabei im jeweiligen Anwendungskontext, die Funktions- und Leistungsmerkmale der genutzten Plattform(en) zu erweitern.

Ein Beispiel ist Wunderkit, eine App für Projektmanagement und Kollaboration des jungen Berliner Start-ups 6Wunderkinder, die nicht nur für mehrere mobile Plattformen, sondern auch für verschiedene Desktop-Betriebssysteme zur Verfügung steht (http://www.wunderkit.com). Tabelle 1 zeigt eine Klassifikation von Apps mit den derzeit existierenden Ausprägungen der Merkmale Art der Plattform und Zielgruppe.

	Privatkunden	Geschäftskunden
Mobile Plattformen	Mobile Apps, z. B. Apple iOS, Android; Bsp.: Doodle Jump	Gleiche Endgeräte und Blackberry; Bsp.: Salesforce AppExchange
Stationäre Plattformen	PC, Mac; z. B. Apple App Store; Bsp.: Wunderkit	Analog zu Privatkunden; Bsp.: ebenfalls Wunderkit
Soziale Plattformen	Social Apps, z. B. Facebook App; Bsp.: Zynga Farmville, BranchOut	Plattform analog zu Privatkunden; Bsp.: BranchOut RecruiterConnect
TV Plattformen	Smart TV; Bsp.: Kooperation von Philips, Sharp, LG und Loewe; Bsp.: Youtube App	k. A.

Tabelle 1: Klassifikation von Apps (Quelle: eigene Recherchen)

Apps finden ihren Einsatz derzeit primär im Bereich der Konsumenten, jedoch werden sogenannte Business Apps zur Mobilisierung von Geschäftsprozessen ein großes Potential vorhergesagt (Linnhoff-Popien und Verclas 2012, S. 3). Eine Vorstellung von der Verbreitung mobiler Apps gibt eine Prognose von Gartner aus dem Jahr 2011, wonach im Zeitraum von Juli 2008 bis Ende 2014 ca. 185 Milliarden Apps aus den Mobile App Stores heruntergeladen werden (Gartner 2011). Einen Hinweis auf die Bedeutung von Social Apps in Form von Facebook Apps liefert der Webdienst AppData, der zurzeit etwa 75.000 verschiedene Apps listet und als Nummer eins App-Anbieter das erst wenige Jahre am Markt agierende Start-up Zynga mit ca. 247 Millionen installierten Apps ausweist (AppData 2012). Diese eindrucksvollen Zahlen verdeutlichen die Relevanz von Apps für das IT-Projektmanagement und führen zur Frage, welche Besonderheiten die App-Entwicklungswelt aufweist und welche Anforderungen sie an ein Projektmanagement-Konzept stellt. Die Untersuchung der Besonderheiten und Anforderungen der App-Entwicklung für sämtliche Klassen von Apps (mobile, stationäre, soziale, TV-Apps) würde den Umfang dieser Arbeit übersteigen, daher fokussieren die folgenden Ausführungen auf die Klasse der Mobile Apps.

Im Folgenden sollen die **Besonderheiten der Mobile App Entwicklung und Probleme mit herkömmlichen PM-Konzepten** untersucht und aufgezeigt werden. Im Bereich der Apps für Smartphones und Tablets ist auf Grund der dynamischen Entwicklung der Endgeräte eine sehr heterogene Systemlandschaft entstanden. Dies hat zur Folge, dass die Entwicklungskosten mit der Anzahl der Plattformen multipliziert werden müssen (Willnecker et al. 2012, S. 403f).

Eine naheliegende Forderung des Marketings könnte sein, dass das Release einer App gleichzeitig für mehrere Plattformen erfolgen soll. Was aus Sicht der Vermarktung Vorteile hinsichtlich der Ausnutzung des Werbebudgets und des mit der Markteinführung verbundenen Aufwands bedeutet. Das gleichzeitige Release von Apps für mehrere Plattformen wird jedoch von Praktikern auf Grund der dabei auftretenden Herausforderungen nicht empfohlen (Lawrence 2009b).

Wird für jede Plattform eine Native App ohne Verwendung eines Multiplattform-Ansatzes entwickelt, so muss jede plattformspezifische App als ein separates Projekt angesehen, geplant und durchgeführt werden. Im Falle der Verwendung von Multiplattform-Entwicklungsmethoden und –Tools muss nur ein Projekt durchgeführt werden, um ein Release für mehrere Plattformen gleichzeitig Apps zu realisieren.

Eine weitere Besonderheit für die Entwicklung mobiler Apps ist, dass auf Grund der Vielzahl der Endgeräte jeweils unterschiedliche Ressourcen für die Apps zur Verfügung stehen, d.h. die Endgeräte unterscheiden sich hinsichtlich Geräte- bzw. Bildschirmgröße, Eingabemethode, Prozessorstärke, Speicherausstattung und Betriebssystem (Scharff und Verma 2010, S. 25). Im Unterschied zu herkömmlichen Software-Anwendungen, existieren bei mobilen Anwendungen zusätzliche Anforderungen z. B. durch die Verfügbarkeit von Sensoren in den Endgeräten wie etwa Beschleunigungsmessern oder GPS (Wasserman et al. 2010, S. 398). Dadurch gestaltet sich das Testing besonders komplex. Zusätzlich zu den Herausforderungen, die auch beim Testen von Web-Applikationen auftreten, sind für Mobile Apps darüber hinaus die Übertragungs- und Netzwerk-Funktionen zu testen (Wasserman et al. 2010, S. 398). Die frühe Notwendigkeit zu testen und die umfassende Bedeutung von Tests, sind nicht vereinbar mit herkömmlich-klassischen PM-Methoden, denn im Fall von tiefgreifenden Problemen würden diese erst zu einem sehr späten Zeitpunkt auffallen und wären dann nur mit hohem Aufwand zu beseitigen. Zudem lassen sich durch die dadurch notwendige Neuplanung vorgesehene Release-Zeitpunkte nicht mehr einhalten, was bei Mobile Apps ausschlaggebend für den Erfolg oder Misserfolg der App am Markt sein kann.

Um von Anfang an in vielen verschiedenen Varianten existierender oder kommender mobiler Endgeräte korrekt zu funktionieren, muss die Software von hoher Qualität sein

(Abrahamsson et al. 2004, S. 174). Wie die Agile Adoption Rate Studie zeigt haben über 73% der Befragten angegeben, dass sich durch einen agilen Ansatz die Qualität der produzierten Software verbessert hat (Ambler 2008). Gerade im Bereich der Mobile Apps ist die hohe Qualität vom Beginn an entscheidend, denn nachdem durch Werbemaßnahmen ein potentieller User dazu bewegt wurde, die App zu installiert, ist die User Experience nach der ersten Installation entscheidend. Tritt dann ein Fehler in der Software auf, wird der User die App wieder deinstallieren und danach nur schwer von einer erneuten Installation zu überzeugen sein.

Eine weitere Herausforderung in der Entwicklung mobiler Apps ist die Bedeutung kurzer Time-to-Markets in Verbindung mit einem starken Wettbewerb und fehlenden Standards (Scharff und Verma 2010, S. 25). In der Lage zu sein, ein Produkt eine Woche früher als der Wettbewerb zu veröffentlichen, kann potentiell zu einem großen internationalen Erfolg führen (Abrahamsson et al. 2004, S. 174). Der herkömmlich-klassische Entwicklungsansatz bietet nicht die benötigte Geschwindigkeit zur Entwicklung von Mobile Apps. Neuartige agile Ansätze wie Mobile-D bieten Entwicklungszeiten von acht bis zehn Wochen für voll funktionsfähige Mobile Apps (Abrahamsson et al. 2004, S. 175).

Zudem wird ein Vorgehensmodell benötigt, dass es ermöglicht bereits erstellte Must-have-Komponenten frühzeitig in ein Release am Markt zu platzieren und in einem späteren Release die Nice-to-have-Features zu veröffentlichen. Dies kann insbesondere dann notwendig werden, wenn ein Wettbewerber am Markt eine App veröffentlicht hat und nun frühzeitig nachgezogen werden muss. Herkömmlich-klassisches Vorgehen liefert hier keine vorzeitig auslieferbaren Ergebnisse, denn die komplette Vorabplanung und Erstellung der einzelnen Software-Komponenten in abgeschlossenen Phasen bietet hier nicht die Möglichkeit einige Komponenten, frühzeitig als Release zu veröffentlichen, da so bspw. das Testing und die Integration noch nicht vorgenommen wären.

Auf Grund der Notwendigkeit in der App-Entwicklung schnell auf Marktveränderung reagieren zu müssen, ist das klassische Wasserfall-Projektmanagement zu unflexibel (Lawrence 2009a). Änderungen der Anforderungen führen bei streng sequentiellem Vorgehen zu einem hohen Aufwand durch Neuplanung des Gesamtprojektes.

Die Entwicklung mobiler Applikationen ist ein herausforderndes Vorhaben, für das das Beherrschen der Technologie und die Kreativität des Entwicklungsteams ausschlaggebend sind (Scharff und Verma 2010, S. 25). Wie bereits auf Seite 5 ausgeführt, ist das herkömmlich-klassische Vorgehen nicht förderlich für die Kreativität der Entwickler. Durch die vielen extern vorgegebenen Änderungen bei veränderten Marktbedürfnissen, neuen Endgeräten, Änderungen bei den Betriebssystem-Plattformen oder Änderungen in den

Zulassungsvoraussetzungen der App-Stores stehen Teams in der Entwicklung mobiler Apps ständig neuartigen Herausforderungen gegenüber, denen mit kreativen Ansätzen und entsprechendem Freiraum zur Entfaltung begegnet werden muss. Die herkömmlich-klassische Vorgehensweise bietet diesen nicht.

Anhand der **Entscheidungskriterien** nach Boehm und Turner soll nachfolgend eine Einordnung von App-Entwicklungsprojekten in das Entscheidungsmodell vorgenommen werden. Eine Erfolgsfaktor von Apps für mobile Endgeräte ist die große Entwickler-Community (Mayer 2012, S. 205). Auf Grund der hohen Nachfrage nach Apps suchen große Firmen wie Apple oder BMW zunehmend besonders talentierte App-Entwickler und bedienen sich häufig sogenannter Indies. Dies sind unabhängige Entwickler, die erfolgreiche Apps programmiert haben und trotz ihrer eher geringen Erfahrung selbständig sind oder Firmen gegründet haben, um weitere kreative Ideen umzusetzen (Hage 2012). Diese Beispiele zeigen, dass die Teamstruktur in App-Projekten sehr heterogen ist. Häufig kommt es nicht auf eine besonders hohe Qualifikation des Teams für die Erstellung einer erfolgreichen App an, sondern auf eine herausragende Idee.

Hinsichtlich Dynamik der Anforderungen zeichnen sich App-Projekte wie im vorherigen Abschnitt ausgeführt durch häufige Änderungen der Anforderungen aus. Diese können bspw. durch die Plattform vorgegeben sein oder Änderungen in den Anforderungen können notwendig werden, um auf Marktentwicklungen zu reagieren. Das herkömmlich-klassisch PM-Konzept versucht Änderungen der Anforderungen zu vermeiden und ist daher nicht geeignet.

Hinsichtlich der Entwicklungskultur kommt es auf die Branche des App-Anbieters an, welche Erwartungshaltung die Organisation aufweist. Wie die Beispiele von Zynga und 6Wunderkinder zeigen, werden viele Apps von jungen Start-ups programmiert, die weniger hierarchisch geprägt sind. Der Vorteil agiler Methoden wäre in einem solchen Umfeld, dass den Investoren bereits frühzeitig lauffähige Applikationen präsentiert werden können, was bei herkömmlich-klassischer Vorgehensweise nicht der Fall ist.

Hinsichtlich Teamgröße wurde bei einer Untersuchung in Entwicklerforen festgestellt, dass ein großer Anteil der Apps durch Teams aus lediglich ein bis zwei Personen entwickelt werden (Wasserman et al. 2010, S. 397). Mobile-D ist ein agiler Ansatz, der für die Entwicklung mobiler Apps in Zusammenarbeit mit Firmen, die mobile Software entwickeln, entworfen wurde. Mobile-D wurde optimiert für Team-Größen unter zehn Personen (Abrahamsson et al. 2004, S. 174f). Die zwei Beispiele zeigen, dass bei der App-Entwicklung vornehmlich kleinere bis mittlere Team-Größen eingesetzt werden. Laut Modell von Boehm und Turner ist das empfehlenswerte Maß an Agilität in Projekten mit kleineren Teamgrößen höher als in Team mit umfangreichen Teams.

Hinsichtlich Kritikalität ist festzustellen, dass Mobile Apps komplexer werden und von kostengünstigen Software-Anwendungen, die für Freizeitzwecke verwendet werden, hin zu business-kritischen Anwendungen verändern und somit software-engineering Prozesse angewendet werden müssen, um hochqualitative mobile Applikationen zu erhalten (Wasserman et al. 2010, S. 397). Die Einordnung in das Modell von Boehm und Turner sollte daher hinsichtlich Kritikalität eher im mittleren Bereich erfolgen, d. h. es sind zwar bei Mobile App Projekten in der Regel keine Menschenleben in Gefahr, aber im Fall von Business-Anwendungen sicherlich wesentliche finanzielle Mittel bei einer Nicht-Verfügbarkeit eines Dienst bspw. im Fall eines Software-Fehlers in der App.

3.2 Anforderungen der App-Entwicklung an ein Projektmanagement-Konzept

Auf Grund der Notwendigkeit des frühen **Testens**, um die fehlerfreie Funktionalität der App in den verschiedensten mobilen Endgeräten sicherzustellen, muss Testing ein integraler Bestandteil des Entwicklungsprozesses für ein Mobile App orientiertes PM-Konzept sein.

Wegen der schlechten Planbarkeit der Anforderungen, die zum einen auf die dynamischen Märkte für Apps zurückzuführen ist und zum anderen auf die Vielzahl an neuen Endgeräten und Änderungen der Plattformen, wird für die erfolgreiche Entwicklung mobiler Apps ein PM-Konzept benötigt, das flexibel auf **Änderungen der Anforderungen** eingeht und diese begrüßt.

Auf Grund der Notwendigkeit zum flexiblen Reagieren auf Markt- und Wettbewerbsveränderungen wird ein PM-Konzept benötigt, dass **acht- bis zehnwöchige Entwicklungs-Zyklen** ermöglicht. Zudem muss es möglich sein, frühzeitig vor Fertigstellung des kompletten Umfangs der Anforderungen ein Release zu veröffentlichen, dass die Must-have Anforderungen enthält und in einem späteren Release die Nice-to-have Anforderungen nachliefert.

Mobile Apps erfordern vom ersten Release an eine hohe **Qualität**, wie auf Seite 19 ausgeführt wurde. Um die hohen Qualitätsanforderungen zu erfüllen, wird ein PM-Konzept benötigt, das Testen und stetige Verbesserung des Software-Designs als integralen Bestandteil des Entwicklungsprozesses in jeder Iteration vorsieht. Dies ist notwendig, um frühzeitige Releases zu verwirklichen und jederzeit ein hoch qualitatives Produkt mit einer überzeugenden User Experience ausliefern zu können.

Auf die Bedeutung der **Kreativität** für erfolgreich Mobile App Entwicklung wurde auf Seite 20 bereits hingewiesen. Ein PM-Konzept zur App-Entwicklung sollte die Kreativität jedes einzelnen Projektbeteiligten fördern und eine leistungsorientierte Umgebung schaffen, wo aber jeder einzelne sich als Teil eines ganzen Teams sieht und fokussiert auf die Erreichung der Ziele für die Team ein Commitment eingegangen ist, hinarbeitet.

Nach dem die Anforderungen an ein PM-Konzept für die App-Entwicklung definiert wurden, soll im folgenden Kapitel dargestellt werden, ob und wie Scrum die Anforderungen erfüllt und wie Scrum für die App-Entwicklung angewendet werden kann.

4. Anwendungen

4.1 Allgemein

Die agile Projektmanagement-Methode Scrum sollte dann angewendet werden, wenn es sich um eine App handelt, die in nicht-kritischen Anwendungen eingesetzt wird, d.h. immer wenn keine Menschenleben in Gefahr sind bzw. die Anforderungen an Nachvollziehbarkeit nicht so hoch sind. Für den Bereich der mobilen Apps kann Scrum daher in sehr vielen Fällen angewendet werden, denn die Mehrzahl der Apps dienen zu Freizeitzwecken oder zur Unterhaltung. Selbst im Fall von Business Apps sind zwar tendenziell die finanziellen Verluste im Fall von Softwarefehlern höher jedoch wurde aufgezeigt, dass die Qualität der Produkte und der Software in agilen Projekten häufig gegenüber herkömmlich-klassischer Vorgehensweise steigt. Daher kann Scrum auch für die Entwicklung business-kritischer Anwendungen empfohlen werden.

In nicht kritischen Anwendungen sprechen viele Gründe für die Anwendung von Scrum als Framework für die App-Entwicklung. Die Anforderung des frühen und steten **Testens** mobiler Apps erfüllt Scrum, da Testen integraler Bestandteil jeder Iteration ist. Eine Scrum-Regel besagt, dass das Ergebnis eines Sprints potentiell auslieferbare Produkt-Inkremente sein müssen. Hier kommt es wieder auf den Reifegrad der Organisation an, denn eine Vorschrift wie das Testen zu erfolgen hat, macht Scrum nicht. Hier sollten agile Praktiken wie das aus XP bekannte Test-Driven-Development angewendet werden, bei dem der Entwickler bereits vor Umsetzung einer Funktionalität entsprechende Tests definiert und nach Umsetzung der Features, diese daran testet. Scrum eignet sich als Framework bestens zur Integration anderer Praktiken wie bspw. Test-Driven-Development, da es lediglich einen Rahmen vorgibt, der dann flexibel mit den jeweils passenden Software-Entwicklungsmethoden ausgefüllt werden kann.

Scrum erfüllt zudem die PM-Anforderungen der flexiblen **Änderung von Anforderungen** im Rahmen eines App-Entwicklungsprojektes, indem eine Re-Priorisierung des Product Backlogs durch den Product Owner erfolgt. Im Rahmen des nächsten Sprints werden dann entsprechend höher priorisierte Backlog Items umgesetzt. So ist es vor jedem Sprint möglich auf geänderte Anforderungen bspw. auf Grund von Wettbewerbern zu reagieren und diese in den Entwicklungsprozess einfließen zu lassen.

Scrum ermöglicht **acht- bis zehnwöchige Release-Zyklen** für App-Entwicklungsprojekte. Dies wird zum einen durch die hohe Produktivität ermöglicht, die höher wie bei herkömmlich-klassischer Vorgehensweise ist. Zum anderen erhält der Product Owner durch die Scrum-Regel, dass zum Ende jedes Sprints potentiell auslieferbare Produkt-Inkremente vorliegen müssen, die Möglichkeit durch entsprechende Priorisierung des Backlog gezielt Feature-Bündel für regelmäßige Produkt-Releases anzusteuern. Auf Basis der nach zwei bis drei Sprints vorliegenden Velocity und der Schätzung von Backlog Items ist er in der Lage eine zuverlässige Release-Planung auf Basis von Scrum vorzunehmen.

Des Weiteren erfüllt Scrum die Anforderung hinsichtlich **Qualität**, weil es flexibel die Kombination mit Software-Entwicklungsmethoden wie dem Test-Driven Development und Pair Programming ermöglicht und so die Realisierung qualitativ hochwertiger, fehlerfreier Software ermöglicht. Zudem ist das Testing integraler Bestandteil jedes Sprints durch die Scrum-Regel des potentiell auslieferbaren Codes. Zudem erhöht das Selbststeuerungsprinzip von Scrum die Eigenverantwortung jedes Einzelnen für seinen Code, daher wird er versuchen möglichst sorgfältige und fehlerfreie Ergebnisse abzuliefern.

Scrum fördert die **Kreativität** des einzelnen durch die gewährten Freiräume bei der Planung und Zielsetzung im Team durch die weitgehende Selbststeuerung. Zudem fördert Scrum die Kommunikation untereinander und setzt das Individuum in den Mittelpunkt, wodurch Interaktion entsteht und eine kreative, zur Leistung anspornende Umgebung geschaffen wird. Die Anforderungen der App-Entwicklungswelt an ein PM-Konzept kann Scrum für nicht-kritische Anwendungen somit voll erfüllen.

Handelt es sich jedoch um eine **kritische Anwendung**, die im Falle eines Versagen zum Verlust von Menschenleben führt oder große Umweltzerstörungen (bspw. Kernkraftwerks-Steuerung) oder sehr großen monetären Schaden verursacht, sollte die Verwendung von Scrum auf Grund der Dokumentationspflichten und der damit verbundenen hohen Anforderungen an die Nachvollziehbarkeit vermieden und besser auf ein streng sequentielles herkömmlich-klassisches Vorgehen gesetzt werden.

4.2 Case

In dem nachfolgenden Cases soll anhand eines realitätsnahen Beispiels der Mobile App Entwicklung aufgezeigt werden, wie mit Scrum als PM-Konzept auf verschiedene konkrete Szenarien eingegangen werden kann. Im ersten Szenario erfolgt ein Commitment des Teams zu einer neu schaffenden User Story. Im zweiten Szenario wird aufgezeigt, wie im

Rahmen von Scrum mit der Situation umgegangen werden kann, wenn kein Commitment vom Team zu dem vom Marketing dringend benötigten Feature erfolgt.

Case: Änderung der Anforderungen an die Mobile App durch das Produkt-Marketing

Im vorliegenden Case wurde in einem Blog für Apps bekannt, dass der größte Wettbewerber des App-Anbieters eGetic AG bald ein Feature bereitstellen wird, mit dem sich die in der App gespeicherten Daten mit dem Account des User in der Cloud synchronisieren lassen. Der für die marktgerechte Weiterentwicklung der eGetic App verantwortliche Produktmanager, der gleichzeitig Product Owner für die App ist, bringt diese Information im Vorfeld des nächsten Sprints im Rahmen eines Estimation Meetings ein. Dem ersten Schreck über diese Nachricht weicht nach angeregter Diskussion mit dem Team und dem Scrum Master die Zuversicht. Die Voraussetzung für die Cloud-Synchronisation in der eGetic App wurde bereits im letzten Sprint als Teil einer entsprechenden API zum Backend geschaffen. Die Softwarekomponente, die zur Steuerung der Funktion auf App-Seite vorgesehen war, wird nun vom Produkt Owner mit einem höheren Business Value versehen, um weiter oben im Product Backlog aufgeführt und so für das nächste Sprint Planning Meeting berücksichtigt zu werden. Jeder Sprint bei der eGetic AG ist auf zwei Wochen ausgelegt. Das nächste Release 1.2 der eGetic App wird von Ende auf Mitte Mai vorgezogen, einige der ursprünglich geplanten Features auf das Release 1.3 verschoben und entsprechend niedriger im Product Backlog priorisiert. Im Rahmen des Estimation Meetings nehmen die Teammitglieder eine Schätzung der Größe der Steuerungs-Komponente mit Hilfe des Planning Pokers vor. Die Größe wird auf fünf Story Points geschätzt. Der Scrum Master bestätigt, dass die derzeitige Velocity des Teams 15 Story Points pro Sprint beträgt.

Szenario 1 – Commitment des Teams:

Etwa eine Woche nach dem Estimation Meeting findet das nächste Sprint Planning Meeting statt. Der Product Owner, der Scrum Master und das Team nehmen teil. Nachdem einige Items des Product Backlogs, darunter auch die Steuerungskomponente, ausgewählt und besprochen wurden, fragt der Scrum Master das Team, ob es die Steuerungskomponente in dem bevorstehenden Sprint fertigstellen kann. Das Team gibt zur Umsetzung ein Commitment ab. Der Produktmanager kehrt erleichtert von dem Sprint Planning Meeting zurück und vereinbart einen Termin mit dem Marketingleiter, um die Werbemaßnahmen für das Release 1.2 inkl. der Cloud-Synchronisation zu besprechen. Derweil berät das Team im zweiten Teil des Sprint Planning Meetings, wie genau das Design und die Architektur für die Komponente zu realisieren sind.

Szenario 2 – kein Commitment des Teams:

Etwas eine Woche nach dem Estimation Meeting treffen sich der Scrum Master, das Team und der Product Owner zum Sprint Planning Meeting. Die Product Backlog Items werden gemäß Ihrer Sortierung nach und nach diskutiert, um deren genaue Anforderungen zu identifizieren. Die Steuerungskomponente wurde vom Product Owner als folgende User Story in das Backlog eingestellt: „Als User will ich die zu synchronisierenden Daten auswählen können'. Bei der Besprechung der Anforderungen fällt auf, dass der für die Cloud-Synchronisat on geschaffene Teil der API eine Auswahl der Daten nicht erlaubt, so dass eine erneute Anpassung der API, die bislang nicht so granular aufgebaut war, notwendig wird. Beim Vergleich mit der Referenz Story wird festgestellt, dass es sich nochmals um eine Größe von 5 Story Points handelt. Der Product Owner betont nochmals die Wichtigkeit des Cloud-Synchronisations-Features für die Wettbewerbsfähigkeit der App. Der Scrum Master fragt nun nach und nach das Team zu den Backlog Items, ob sie diese im Rahmen des nächsten Sprints erstellen können. Als das nun auf zehn Story Points angewachsene Item der Cloud-Synchronisation an der Reihe ist, lehnt das Team die Umsetzung ab, mit der Begründung, dass die User Story zu umfangreich ist.

Der Product Owner reagiert nun durch Schneiden der User Story. Das Feature der Cloud-Synchronisation wird in eine Must-have und eine Nice-to-have-Feature aufgeteilt. Must-have ist die grundlegende Synchronisations-Funktion. Nice-to-have sind die granularen Filter-Möglichkeiten zur Auswahl der zu synchronisierenden Daten. Auf Grund der vorhandenen API wird die User Story horizontal geschnitten, d. h. es wird lediglich eine Funktion vorgesehen, die die Präsentationsschicht und ggf. einen neu zu schaffenden Teil der Logikschicht der App betreffen, die API-Komponente und somit die Datenhaltungsschicht werden nicht angefasst. Dafür bietet die Cloud-Synchronisation für den Kunden dann lediglich ein Sync-all-Feature.

Der Scrum Master fragt das Team erneut, ob sie die geschnittene User Story mit reduziertem Umfang im nächsten Sprint umsetzen können. Das Team gibt sein Commitment zur Umsetzung der User Story mit dem Sync-all-Feature ab.

Der Fall und die aufgezeigten Szenarien verdeutlichen die Besonderheiten der App-Entwicklungswelt wie etwa die dynamischen Marktveränderungen. Darüber hinaus wird deutlich wie Scrum die Anforderungen bspw. hinsichtlich Eingehens auf Änderungen der Anforderungen ermöglicht.

5. Fazit

Als Anforderungen von App-Projekten an ein PM-Konzept wurde die Notwendigkeit zum frühen und steten Testen, die Möglichkeit zur Realisierung kurzer Release-Zyklen, das Eingehen auf häufige Änderungen der Anforderungen, hohe Qualität der gelieferten Produkt-Inkremente und die Förderung der Kreativität des Entwicklungs-Team identifiziert. Für alle diese Bereiche konnte gezeigt werden, dass mit den Regeln und Methoden von Scrum diese Anforderungen erfüllt werden. Aber nicht für alle Projektarten sollte Scrum in der App-Entwicklung eingesetzt werden. Als Entscheidungsmerkmal wurde die Kritikalität eines Projektes identifiziert und Projekte zur Entwicklung sicherheitskritischer Apps als weniger Scrum-geeignet eingestuft.

Der dargestellte Case hat gezeigt, wie Scrum durch Schneiden von User Stories und mit Hilfe der Möglichkeiten zur kurzfristigen Planung vor dem Sprint flexibel auf Änderungen von Anforderungen in App-Entwicklungsprojekten eingeht. Durch die hohe Marktdynamik in der App-Economy ist das ein entscheidender Vorteil und zugleich ein „Must-have"-Feature für ein PM-Konzept zur erfolgreichen App-Entwicklung.

Auf die Möglichkeiten zur Kombination von Scrum mit Software-Entwicklungsmethoden wie XP bspw. durch Nutzung von Testen-Driven-Development oder Pair Programming wurde hingewiesen. Für die Kombinationsmöglichkeiten von Scrum besteht weiterer Forschungsbedarf. Die Kombination von agilen Methoden für die eigentliche Entwicklung und herkömmlich-klassischen – plangetriebenen – Methoden, was als hybride Modelle bezeichnet wird, verspricht „das Beste aus beiden Welten" zu vereinigen und könnte so einen umfassenden Einsatz für jegliche Projektart bis hin zu sicherheitskritischen Projekten ermöglichen. Eine weitere Entwicklung sind App-Projekte, die durch die zunehmende Bedeutung von Business-Apps und die Notwendigkeit zur Plattform-übergreifenden Entwicklung immer umfangreicher werden. Auch hier gilt es weitere Untersuchungen zur Skalierung von Scrum und den Einsatz in Projekten mit hohem finanziellem Risiko vorzunehmen.

Literatur

Abrahamsson P, Hanhineva A, Hulkko H, Ihme T, Jäälinoja J, Korkala M, Koskela J, Kyllönen P, Salo O (2004) Mobile-D: an agile approach for mobile application development. In: OOPSLA '04 Companion to the 19th annual ACM SIGPLAN conference on Object-oriented programming systems, languages, and applications, Vancouver, S. 174–175

Allfacebook.com (2012) Facebook Nutzerzahlen. http://allfacebook.de/userdata/. Abruf am 2012-04-16

Ambler S (2008) Agile Adoption Rate Survey. http://www.ambysoft.com/downloads/surveys/AgileAdoption2008.pdf. Abruf am 2012-04-14

AppData (2012) Latest AppData Update: Saturday, February 25, 2012. http://www.appdata.com/. Abruf am 2012-02-25

Beck K, Schwaber K, Sutherland J, u. a. (2001) Manifesto for Agile Software Development. http://agilemanifesto.org/. Abruf am 2012-04-01

Boehm BW, Turner R (2005) Balancing agility and discipline. A guide for the perplexed. Addison-Wesley, Boston

Bohinc T (2010) Grundlagen des Projektmanagements. Methoden, Techniken und Tools für Projektleiter. GABAL Offenbach

Cohn M (2005) A visual introduction to Scrum. http://www.mountaingoatsoftware.com/scrum/overview. Abruf am 2012-04-14

Cohn M (2010a) Agile Softwareentwicklung. Mit Scrum zum Erfolg! Addison Wesley, München

Cohn M (2010b) User stories. [für die agile Software-Entwicklung mit Scrum, XP u.a.]. mitp, Heidelberg

Eckkrammer T, Eckkrammer F, Gollner H (2010) Agiles IT-Projektmanagement im Überblick. In: Tiemeyer E, Bauer N (Hrsg.) Handbuch IT-Projektmanagement. Vorgehensmodelle, Managementinstrumente, Good Practices. Hanser, München, S. 73–112

Ferstl OK, Sinz EJ (2008) Grundlagen der Wirtschaftsinformatik. Oldenbourg, München

Gartner (2011) Gartner Says Worldwide Mobile Application Store Revenue Forecast to Surpass $15 Billion in 2011. http://www.gartner.com/it/page.jsp?id=1529214. Abruf am 2012-02-25

Gartner (2012) Gartner Says Worldwide Smartphone Sales Soared in Fourth Quarter of 2011 With 47 Percent Growth. http://www.gartner.com/it/page.jsp?id=1924314. Abruf am 2012-04-16

Gloger B (2010) Scrum checklist 2010. Your Scrum checklist ; the hard facts: roles, artefacts, all meetings. B. Gloger, Wien

Gloger B (2011) Scrum. Produkte zuverlässig und schnell entwickeln. Hanser, München

Grechenig T (2010) Softwaretechnik. Mit Fallbeispielen aus realen Entwicklungsprojekten. Pearson Studium, München

Hage S (2012) Die App-Welle und die Nerd Economy. http://www.manager-magazin.de/magazin/artikel/0,2828,724660-2,00.html. Abruf am 2012-04-17

Hanser E (2010) Agile Prozesse: Von XP über Scrum bis MAP. Springer, Heidelberg

IEEE (1990) IEEE-Standard 610.12. Glossary of Software Engineering Terminology

Ken Schwaber Agiles Projektmanagement mit Scrum. Schwaber 2007

Krcmar H (2008) Softwaremarkt. In: Kurbel K, Becker J, Gronau N, Sinz E, Suhl L (Hrsg.) Enzyklopädie der Wirtschaftsinformatik – Online-Lexikon. Oldenbourg Wissenschaftsverlag, München

Kuhrmann M (2008) Agile Vorgehensmodelle. In: Kurbel K, Becker J, Gronau N, Sinz E, Suhl L (Hrsg.) Enzyklopädie der Wirtschaftsinformatik – Online-Lexikon. Oldenbourg Wissenschaftsverlag, München

Kuster J, Huber E, Lippmann R, Schmid A, Schneider E, Witschi U, Wüst R (2011a) Andere Vorgehensmodelle. In: Kuster J, Huber E, Lippmann R, Schmid A, Schneider E, Witschi U, Wüst R (Hrsg.) Handbuch Projektmanagement. Springer, Heidelberg, S. 26–31

Kuster J, Huber E, Lippmann R, Schmid A, Schneider E, Witschi U, Wüst R (2011c) Was ist Projektmanagement? In: Kuster J, Huber E, Lippmann R, Schmid A, Schneider E, Witschi U, Wüst R (Hrsg.) Handbuch Projektmanagement. Springer, Heidelberg, S. 8–11

Kuster J, Huber E, Lippmann R, Schmid A, Schneider E, Witschi U, Wüst R (2011b) Was sind Projekte? In: Kuster J, Huber E, Lippmann R, Schmid A, Schneider E, Witschi U, Wüst R (Hrsg.) Handbuch Projektmanagement. Springer, Heidelberg, S. 4–7

Lawrence M (2009a) Apps: Das muss grooven! http://www.mobile-zeitgeist.com/2009/12/21/apps-das-muss-grooven/. Abruf am 2012-02-26

Lawrence M (2009b) Durchs wilde Kurdistan - App Entwicklung in der Praxis. http://www.mobile-zeitgeist.com/2009/12/14/durchs-wilde-kurdistan-app-entwicklung-in-der-praxis/. Abruf am 2012-02-26

Levy JR (2012) Facebook Marketing. Gestalten Sie Ihre erfolgreichen Kampagnen. Addison-Wesley, München

Linnhoff-Popien C, Verclas S (2012) Mit Business-Apps ins Zeitalter mobiler Geschäftsprozesse. In: Smart Mobile Apps. Mit Business-Apps ins Zeitalter mobiler Geschäftsprozesse Springer, Heidelberg, S. 3–16

Mayer A (2012) App-Economy. Millardenmarkt Mobile Business. mi, München

Nehfort A (2011) Qualitätsmanagement für IT-Lösungen. In: Tiemeyer E, Bachmann W (Hrsg.) Handbuch IT-Management. Konzepte, Methoden, Lösungen und Arbeitshilfen für die Praxis. Hanser, München, S. 403–462

Olanoff D (2012) Top 10 Best Social Apps of 2011. http://thenextweb.com/apps/2011/12/27/top-10-best-social-apps-of-2011/. Abruf am 2012-02-25

Padberg F, Tichy W (2007) Schlanke Produktionsweisen in der modernen Softwareentwicklung. WIRTSCHAFTSINFORMATIK 49(3):162–170

Ruf W, Fittkau T (2008) Ganzheitliches IT-Projektmanagement. Wissen, Praxis, Anwendungen. Oldenbourg, München

Scharff C, Verma R (2010) Scrum to support mobile application development projects in a just-in-time learning context. In: Proc 2010 ICSE Workshop on Cooperative and Human Aspects of Software Engineering - CHASE '10, S. 25–31

Schatten A, Demolsky M, Winkler D, Biffl S, Gostischa-Franta E, Östreicher T (2010) Best Practice Software-Engineering. Eine praxiserprobte Zusammenstellung von komponentenorientierten Konzepten, Methoden und Werkzeugen. Spektrum Akademischer Verlag, Heidelberg

Schmitt S (2012) Jahr der Smart TVs. http://www.wiso-net.de/webcgi?START=A60&DOKV_DB=ZEIT&DOKV_NO=20120105104&DOKV_HS=0&PP=1. Abruf am 2012-04-15

Schwaber K (2008) Scrum im Unternehmen. Microsoft Press, Unterschleißheim

Tiemeyer E (2010) IT-Projekte erfolgreich managen - Handlungsbereiche und Prozesse. In: Tiemeyer E, Bauer N (Hrsg.) Handbuch IT-Projektmanagement. Vorgehensmodelle, Managementinstrumente, Good Practices. Hanser, München, S. 1–37

Wasserman AI, Gruia-Catalin R, Sullivan K (2010) Software engineering issues for mobile application development. In: Proc FSE/SDP workshop on Future of software engineering research - FoSER '10, S. 397

Wieczorrek HW, Mertens P (2011) Management von IT-Projekten. Von der Planung zur Realisierung. Springer, Heidelberg

Willnecker F, Ismailovi D, Maison W (2012) Architekturen mobiler Multiplattform-Apps. In: Smart Mobile Apps. Mit Business-Apps ins Zeitalter mobiler Geschäftsprozesse. Springer, Heidelberg, S. 403–417

Wirdemann R (2011) Scrum mit User Stories. Hanser, München

www.ingramcontent.com/pod-product-compliance
Lightning Source LLC
Chambersburg PA
CBHW031233050326
40689CB00009B/1587